AF305618

Collection de M. BESSELIÈVRE

(2e VENTE)

ÉTOFFES

EUROPÉENNES ET ORIENTALES

DU MOYEN-ÂGE ET DE LA RENAISSANCE

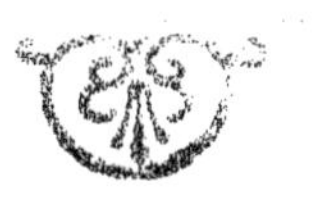

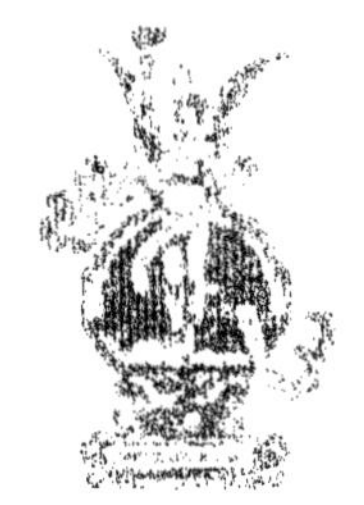

CATALOGUE

DES

ÉTOFFES

EUROPÉENNES ET ORIENTALES

DU MOYEN-AGE, DE LA RENAISSANCE

ET AUTRES

ÉCHANTILLONS DE VELOURS ET DE SOIES

TISSUS COPTES

Appartenant à M. Besselièvre

ET DONT LA VENTE AURA LIEU A PARIS

HOTEL DROUOT, SALLE N° 6

LES VENDREDI 22 ET SAMEDI 23 DÉCEMBRE 1911

à deux heures

COMMISSAIRE-PRISEUR

Mᵉ HENRI BAUDOIN
Successeur de M. PAUL CHEVALLIER
10, rue de la Grange-Batelière

EXPERTS

MM. MANNHEIM
7, rue Saint-Georges
PARIS

EXPOSITION PUBLIQUE

Le Jeudi 21 Décembre 1911, de 1 h. 1/2 à 5 heures 1/2

CONDITIONS DE LA VENTE

Elle sera faite au comptant.

Les adjudicataires paieront *dix pour cent* en sus des enchères.

ORDRE DES VACATIONS

Le Vendredi 22 Décembre 1911

Étoffes coptes . . . . 1 à 41
Velours (Partie des . . . . 42 à 117

Le Samedi 23 Décembre 1911

Velours (Fin des) . . . . 118 à 125
Étoffes diverses . . . . 126 à 231

Paris. — Imp. de l'Art, Ch. Berger, 41, rue de la Victoire.

DÉSIGNATION

ÉTOFFES COPTES

1 — Huit fragments d'étoffe copte, à décor de motifs variés.

2 — Quatre fragments d'étoffe copte, à motifs réguliers.

3 — Deux fragments d'étoffe copte, à dessin bouclé en violet, rouge et orange.

4 — Trois fragments d'étoffe copte, dont deux de forme ronde, à motifs réguliers sur fond violet, et le troisième décoré d'un lapin et d'une feuille sur fond brun.

5 — Neuf fragments d'étoffe copte, à dessin de fleurs et de fruits.

6 — Huit fragments d'étoffe copte, unie ou à dessin régulier.

7 — Cinq fragments d'étoffe copte, les uns à rayures, les autres à motifs géométriques.

8 — Fragment d'étoffe copte, à dessin régulier.

9 — Six pièces d'étoffe copte, à décors variés.

10 — Trois fragments d'étoffe copte, à rayures chargées de motifs réguliers.

11 — Treize fragments d'étoffe copte, à dessin de motifs réguliers, rosaces, personnages, etc.

12 — Huit fragments d'étoffe copte, à fond violet, rouge et gros bleu.

13 — Sept fragments d'étoffe copte, dont quatre à ramages violacés d'animaux et de fleurs, et trois en brun et gris à fleurs et motifs réguliers.

14 — Six fragments d'étoffe copte de soie et de lin, à décors variés.

15 — Quatre fragments d'étoffe copte en forme de bandes, à dessin d'animaux et de motifs réguliers.

16 — Six pièces d'étoffe copte, à dessin varié.

17 — Cinq fragments d'étoffe copte, à dessin de rosaces, fleurs et perroquets.

18 — Fragment d'étoffe copte, de forme ronde, présentant, au centre, un médaillon contenant un personnage et un animal, et alentour, d'autres personnages et des fleurs.

19 — Huit fragments d'étoffe copte, présentant des lapins, des chiens, des fleurs, un buste de personnage, etc.

20 — Deux fragments d'étoffe copte, l'un rond,
l'autre en forme d'étoile, à dessin régulier sur
fond violacé.

21 — Deux fragments d'étoffe copte, l'un carré à
motifs réguliers sur fond violet, l'autre rond à
dessins géométriques sur fond bleu.

22 — Quatre fragments d'étoffe copte, l'un décoré
d'un petit personnage, les autres, de forme
ovale, ornés d'animaux sur fond rouge.

23 — Deux fragments d'étoffe copte de forme ronde,
présentant un motif en losange placé au milieu
de personnages et d'animaux.

24 — Trois fragments d'étoffe copte, l'un, à dessin
de cavaliers, les autres, de personnages.

25 — Trois fragments d'étoffe copte, l'un chargé de
cavaliers, les autres, de motifs variés.

26 — Cinq fragments d'étoffe copte en forme de
bandes, présentant des motifs réguliers : arbustes, fleurs, ainsi que des personnages et
des animaux fantastiques.

27 — Sept fragments d'étoffe copte, à personnages
et fleurs sur fond varié.

28 — Fragment d'étoffe copte, présentant un cavalier dans un médaillon cantonné de quatre personnages séparés par des corbeilles de fruits.

29 — Fragment d'étoffe copte, présentant un cavalier cantonné de quatre personnages séparés par des corbeilles de fleurs.

30 — Fragment d'étoffe copte, de forme allongée, à dessin d'animaux et motifs irréguliers sur fond rouge.

31 — Quatre fragments d'étoffe copte, l'un présentant une rosace chargée d'animaux, les autres à dessin varié.

32 — Neuf pièces d'étoffe copte, à dessin de motifs réguliers, fond bleu et fond marron.

33 — Fragment d'étoffe copte, de forme allongée, présentant des cavaliers et des animaux sur fond rouge.

34 — Deux fragments d'étoffe copte, présentant, l'un quatre danseurs sur fond blanc, l'autre un aigle tenant une croix dans son bec.

35 — Trois fragments d'étoffe copte, l'un représentant une chasse au lion sur fond rouge, l'autre offrant un carrelage chargé de lions, le troisième imprimé de petites rosaces.

36 — Deux fragments d'étoffe copte, époque romaine, présentant l'un un personnage sur un bœuf entouré d'autres personnages et d'animaux ; l'autre, une tête d'animal placée au milieu de personnages sur des poissons.

37 — Fragment d'étoffe copte, d'époque byzantine, présentant un personnage dans un médaillon entouré de quatre compartiments contenant un sujet de chasse.

38 — Fragment d'étoffe copte, période byzantine, présentant un médaillon contenant un personnage et entouré de quatre personnages accroupis.

39 — Fragment d'étoffe copte, période byzantine, présentant une figure de saint Georges dans un médaillon entouré de quatre médaillons plus petits, chargés de personnages montés sur des sirènes.

40 — Fragment d'étoffe, d'époque byzantine, présentant un grand médaillon contenant une figure de sainte Sophie et entouré de quatre médaillons plus petits, chargés d'enfants montés sur des sirènes.

41 — Quatre pièces de soie copte, de l'époque arabe, à dessin de motifs réguliers et d'inscriptions koufiques.

VELOURS

42 — Panneau de velours rouge et jaune, bouclé
d'argent doré, à grands ramages. Travail vénitien ou espagnol, du XVe siècle.

43 — Carré de velours vert ciselé à fleurs. Venise,
XVe siècle.

44 — Fragment de velours vert, à dessin de fleurs.
Venise, XVe siècle.

45 — Fragment de velours rouge sur fond vert, à
grands ramages. Venise, XVe siècle.

46 — Deux fragments de velours bleu ciselé à
fleurs et grenades. Travail vénitien du XVe
siècle.

47 — Fragment de velours rouge ciselé à fleurs et
grenades. Travail vénitien du XVe siècle.

48 — Deux fragments de velours ciselé: l'un, à
fleurs polychromes, de travail vénitien du XVe
siècle, dans la manière persane; l'autre, à dessin
de fleurs polychromes sur fond blanc, de même
travail.

49 — Deux fragments, l'un de velours rouge ciselé,
de travail vénitien du XVe siècle; l'autre, en velours rouge ciselé et lamé d'argent doré à
fleurs, de même travail.

50 — Fragment de velours ciselé à fleurs polychromes sur fond blanc. Travail vénitien du xve siècle, dans la manière persane.

(Vente Gay.)

51 — Deux fragments de velours vert ciselé à grenades et fleurs, de travail vénitien du xve siècle.

52 — Fragment de velours bleu ciselé à grenades et fleurs. Travail vénitien du xve siècle.

53 — Deux fragments de velours rouge ciselé avec grenades, tissées d'argent doré. Travail vénitien du xve siècle.

54 — Fragment de velours rouge ciselé à fleurs et grenades. Travail vénitien du xve siècle.

55 — Fragment de velours rouge tissé d'argent doré, à dessin de fleurs. Travail vénitien du xve siècle.

56 — Deux fragments de velours rouge ciselé à grenades. Travail vénitien du xve siècle.

57 — Carré de velours ciselé à fleurs symétriques polychromes sur fond blanc. Travail vénitien du xve siècle.

58 — Petit panneau de velours rouge ciselé à fleurs. Venise, xve siècle.

59 — Chasuble en deux morceaux en velours rouge
ciselé, à deux hauteurs, à dessin de fleurs et
rosaces. Venise, xv⁰ siècle.

60 — Trois fragments de velours rouge ciselé, à
deux hauteurs, à dessin de fleurs et couronnes. Venise, xv⁰ siècle.

61 — Chape en velours rouge ciselé à fleurs et lamé
de métal. Venise, xv⁰ siècle.

62 — Carré de velours bleu ciselé, à dessin de
fleurs. Venise, xv⁰ siècle.

63 — Petit panneau de velours bleu et jaune, à dessin de fleurs. Venise, xv⁰ siècle.

64 — Carré de velours rouge ciselé et tissé d'argent
doré, à dessin de fleurs et d'animaux. Venise,
xv⁰ siècle.

65 — Panneau de velours rouge et vert, lamé d'argent doré, à dessin de grosses fleurs, grenades,
etc. Venise, xv⁰ siècle.

66 — Panneau de velours rouge ciselé à deux hauteurs, lamé et bouclé d'argent doré, à grosses
fleurs et entrelacs. Venise, xv⁰ siècle.

67 — Carré de velours bleu ciselé à fleurs. Venise,
xv⁰ siècle.

68 — Carré de velours bleu ciselé à fleurs. Venise,
xv⁰ siècle.

69 — Panneau en velours rouge ciselé à fleurs. Venise, XV° siècle.

70 — Fragment de velours rouge ciselé à fleurs à deux hauteurs. Travail vénitien, XV° siècle.

71 — Panneau en velours rouge ciselé à fleurs. Travail vénitien, XV° siècle.

72 — Panneau en velours rouge ciselé et lamé d'argent doré à fleurs et branchages. Venise, XV° siècle.

73 — Fragment de velours rouge ciselé à ramages de fleurs polychromes et lamé d'argent. Venise, XV° siècle.

74 — Panneau de velours rouge ciselé et lamé d'argent doré à fleurs. Travail vénitien du XV° siècle.

75 — Panneau en velours rouge ciselé et lamé d'argent doré à fleurs. Travail vénitien du XV° siècle.

76 — Deux fragments de velours rouge à dessin de sequins, et lamé argent doré. Italie, XV° siècle.

77 — Fragment de velours ciselé, à dessin de fleurs en blanc et rouge sur fond vert damassé. Italie, XV° siècle.

78 — Deux fragments d'une chasuble en velours ciselé vert à grenades. Italie, XV° siècle.

79 — Grand fragment en velours rouge ciselé, à dessin de grenades. Italie, XV° siècle.

80 — Petit fragment de velours vert. blanc et marron. à dessin d'oiseaux sur des têtes de veaux.
Italie. xv⁰ siècle.

81 — Carré de velours bleu et rouge, à dessin de
têtes de veaux. et d'aigles tenant des branches
fleuries. Italie. xv⁰ siècle.

82 — Devant d'autel en velours rouge ciselé, à dessin de grenades. Italie, xv⁰ siècle.

83 — Fragment de velours rouge ciselé à fond blanc,
à dessin de fleurs. Italie, xvᵉ siècle.

84 — Carré de velours vert ciselé à fleurs et grenades,
sur fond vieux rose. Italie, xv⁰ siècle.

85 — Panneau en velours rouge ciselé à fleurs.
Italie, xv⁰ siècle.

86 — Carré de velours rouge ciselé à fleurs. Italie,
xvᵉ siècle.

87 — Fragment de velours rouge ciselé à fleurs.
Italie, xvᵉ siècle.

88 — Deux fragments de velours rouge ciselé à
grenades et fleurs. Italie, xv⁰ siècle.

89 — Grand fragment de velours rouge ciselé à
deux hauteurs, à dessin de couronnes et
rosaces. Italie, xvᵉ siècle.

90 — Grand morceau de velours ciselé à grenades
et fleurs en rouge sur fond jaune, lamé de métal.
Espagne. xv⁰ siècle.

91 — Panneau de velours violet, à deux hauteurs, lamé d'argent doré et bouclé, à dessin de larges palmettes. Travail espagnol, xv° siècle.

92 — Fragment de velours vert ciselé à feuillages. xv° siècle.

93 — Fragment de velours rouge ciselé à fleurs. Travail vénitien du xv° siècle.

94 — Fragment de devant de chasuble en velours vert clair ciselé, à dessin de bouquets de fleurs. xv° siècle.

95 — Dos de chasuble en velours rouge ciselé, à décor de grenades. xv° siècle.

96 — Carré de velours rouge ciselé, à décor de grenades. xv° siècle.

97 — Deux bandes en velours rouge ciselé à grenades. xv° siècle.

98 — Partie de chasuble en velours ciselé bleu à fleurs et grenades. xv° siècle.

99 — Fragment de velours ciselé à ramages polychromes de fleurs sur fond blanc. xv° siècle.

100 — Fragment de velours ciselé à fleurs symétriques polychromes sur fond blanc. Venise. xv° siècle.

(Vente Gay.)

101 — Fragment de velours ciselé à ramages polychromes sur fond gris. XVᵉ siècle.

102 — Fragment de velours ciselé polychrome, à
dessin de grenades et fleurs sur fond jaune.
XVᵉ siècle.

103 — Fragment de velours rouge ciselé à larges
palmettes. XVᵉ siècle.

104 — Deux fragments de chasuble en velours rouge
ciselé et lamé d'argent doré à fleurs. XVᵉ siècle.

105 — Panneau en velours rouge ciselé à deux
hauteurs, à dessin de couronnes et fleurs.
Italie, fin du XVᵉ siècle.

106 — Carré de velours rouge ciselé à bouquets de
fleurs. Fin du XVᵉ siècle.

107 — Fragment de velours violacé à fond jaune,
et bouclé d'argent doré, à dessin de couronnes
et fleurs. Venise, commencement du XVIᵉ siècle.

108 — Grand panneau en velours rouge lamé et
bouclé d'argent doré, à dessin de grenades et
fleurs. Travail vénitien ou espagnol, XVIᵉ siècle.

109 — Carré en velours marron ciselé à petits motifs. XVIᵉ siècle.

110 — Partie de chasuble, en deux morceaux, en
velours ciselé vert à fleurs et fruits. XVIᵉ siècle.

111 — Partie de chasuble, en deux morceaux, en
velours marron ciselé à fleurs sur fond bleu.
XVIe siècle.

112 — Fragment de velours ciselé à ramages rouges sur fond jaune lamé d'argent doré. XVIe
siècle.

113 — Fragment de velours ciselé à ramages verts
sur fond jaune lamé d'argent doré. XVIe siècle.

114 — Deux fragments de dos de chasuble en velours à ramages gros bleu, sur fond vert. XVIIe
siècle.

115 — Grand panneau en velours rouge, lamé d'argent doré à larges palmettes. Ancien travail
vénitien.

116 — Panneau de velours rouge ciselé à fleurs.

117 — Autre panneau en velours rouge ciselé à
fleurs.

118 — Panneau en velours rouge, à larges palmettes et œillets polychromes lamés de métal.
Ancien travail d'Asie-Mineure.

119 — Grand carré de velours rouge, à grandes
palmettes tissées de métal. Ancien travail d'Asie-
Mineure.

120 — Panneau en velours rouge ciselé et lamé de
métal à grandes palmettes chargées de fleurs.
Ancien travail d'Asie-Mineure ou de Scutari.

121 — Panneau de velours rouge et gris lamé d'argent, à dessin de couronnes et de grosses fleurs. Ancien travail de Scutari.

122 — Panneau de velours rouge ciselé et lamé d'argent doré, à larges palmettes et rosaces. Ancien travail de Scutari.

123 — Petit tapis en velours rouge ciselé à grosses fleurs, avec rosace au centre. Ancien travail de Scutari.

124 — Petit carré en velours rouge, à dessin de disques et motifs irréguliers tissés d'argent. Ancien travail turc.

125 — Carré de velours à fleurs. Ancien travail persan.

ÉTOFFES DIVERSES

126 — Deux fragments de soie, lin et argent, à dessin d'oiseaux et autres animaux affrontés. Travail sicilien du XII siècle.

127 — Fragment de chasuble en soie brochée et lamée d'argent à dessin d'animaux chimériques et d'oiseaux ainsi que de palmettes. Sicile, XIII siècle.

128 — Fragment d'étoffe sicilienne du XIII siècle, présentant deux aigles affrontés et deux gazelles adossées, ces groupes d'animaux étant séparés par une palmette et le tout se détachant sur fond bleu.

129 — Trois fragments, dont un de forme ronde présentant deux cavaliers adossés, armés d'arcs, et les autres d'ancien travail byzantin à petits motifs.

130 — Fragment de soie brochée à motifs réguliers et rayures. Travail hispano-mauresque du XIII siècle.

131 — Trois fragments de brocatelle, dont deux à dessin de paons et lions affrontés sur fond jaunâtre et lamé d'argent doré, le troisième à décor de deux oiseaux en violet sur fond jaune. XIII siècle.

132 — Fragment de soie brochée à larges rayures chargées de motifs réguliers et d'inscriptions stylisées : fond rouge, bleu et blanc. Travail hispano-mauresque du xive siècle.

133 — Fragment de soie brochée à carrelages jaunâtres sur fond bleu. Travail hispano-mauresque du xive siècle.

134 — Fragment de soie brochée, à dessin d'arabesques en jaune sur fond bleu. Travail hispano-mauresque du xive siècle.

135 — Fragment de lin à motifs réguliers de croisettes. Travail espagnol du xive siècle.

136 — Fragment de brocatelle, à dessin régulier de lapins et rosaces sur fond bleu. Travail espagnol, fin du xive siècle.

137 — Fragment de brocatelle, à dessin d'aigles et palmettes, tissée d'argent sur fond blanc. Travail allemand du xive siècle.

138 — Grand fragment de soie brochée et tissée d'argent doré, présentant le sujet du Christ et de la Samaritaine plusieurs fois répété sur fond vieux rose. Travail florentin du xive siècle.

139 — Deux fragments de satin violet broché et lamé d'argent, à dessin de figures d'anges tenant des encensoirs et des cierges, ainsi que les attributs de la Passion. Travail italien du xive siècle.

110 — Fragment de lin tissé, à dessin bleu sur fond blanc : Animaux et arbustes. Travail de Pérouse, fin du xiv siècle.

111 — Carré de soie grise brochée et lamée d'argent, à décor de fleurs et biches couchées, ainsi que d'oiseaux. xiv siècle.

142 — Fragment de soie vieux rose brochée et lamée d'argent, à dessin d'aigles tenant des branches fleuries. xiv siècle.

143 — Quatre fragments en soie bleue brochée à fleurs, griffons et paons. xiv siècle.

(Vente Gay.)

114 — Quatre fragments de soie brochée, à dessin varié de fleurs et animaux. xiv siècle.

115 — Bande en satin violacé lamé d'argent doré, à décor d'oiseaux et de médaillons contenant chacun un lion assis. Allemagne, fin du xiv siècle.

146 — Fragment de soie violette brochée et tissée d'argent doré à fleurs et oiseaux. xiv siècle.

147 — Fragment de soie imprimée, à dessin de fleurs et d'oiseaux affrontés. xiv siècle.

148 — Six fragments de soie brochée, à dessin varié : Gazelles adossées et griffons affrontés. etc. xiv siècle.

149 — Fragment de lin imprimé, à dessin de fleurs et animaux adossés. XIV° siècle.

150 — Grand fragment en soie verte tissée d'argent doré, à dessin d'aigles, de lions chassant des gazelles, et de colombes. XIV° siècle.

151 — Fragment de soie brochée, à dessin de lions affrontés dans de larges palmettes vertes sur fond rouge. Travail hispano-mauresque du XV° siècle.

152 — Fragment de soie brochée, à dessin d'arbustes et de fleurs sur fond rouge. Travail hispano-mauresque du XV° siècle.

153 — Fragment de damas blanc tissé d'argent doré à fleurs. Travail hispano-mauresque du XV° siècle.

154 — Fragment de soie brochée à fleurs en vert, jaune, bleu, blanc sur fond rouge. Travail hispano-mauresque du XV° siècle.

155 — Fragment de soie brochée, à dessin d'animaux affrontés et de motifs réguliers sur fond vert. Travail hispano-mauresque. XV° siècle.

156 — Deux fragments de soie brochée, à dessin d'animaux et de motifs réguliers sur fond rouge. Travail hispano-mauresque du XV° siècle.

157 — Fragment de soie rouge bouclée d'argent doré à grands ramages. Espagne. XV° siècle.

158 — Grand fragment de satin rouge broché, à
dessin de lions affrontés et de fleurs en couleurs. Travail espagnol. XV° siècle.

159 — Fragment de lin imprimé, à dessin de fleurons. XV° siècle.

160 — Fragment de lin imprimé, à dessin rouge
sur fond bleu, oiseaux et animaux affrontés.
XV° siècle.

161 — Fragment de soie blanche brochée rouge et
tissée d'argent doré, à dessin de fleurons.
XV° siècle.

162 — Grand fragment de damas rose à larges
fleurs. XV° siècle.

163 — Deux fragments de brocatelle à fleurs sur
fond rouge. XV° siècle.

164 — Voile de calice en brocatelle à ramages polychromes. Espagne, XVI° siècle.

165 — Fragment de soie marron tissée d'argent
doré, à dessin de palmettes. XVI° siècle.

166 — Carré de damas jaune, à dessin de fleurs et
couronnes ainsi que d'animaux. XVI° siècle.

167 — Carré de soie vieux rose lamée d'argent à
motifs réguliers d'entrelacs. XVI° siècle.

168 — Grand carré de brocatelle vieux rose à ramages jaunes. XVI° siècle.

169 — Chasuble en soie rouge brochée et lamée
d'argent doré, à dessin de grenades et rinceaux.
xvie siècle.

170 — Dos de chasuble en soie rouge brochée et
lamée d'argent, à dessin de vases de fleurs.
xvie siècle.

171 — Carré de brocatelle à ramages rouges sur
fond jaune. xvie siècle.

172 — Deux fragments de chasuble en brocatelle à
fleurs et rinceaux en violet sur fond jaune.
xvie siècle.

173 — Fragment de dalmatique en lin imprimé, à
petits motifs. xve siècle.

174 — Chaperon en brocatelle rouge à ramages
jaunes, tissés de métal. xvie siècle.

175 — Fragment de brocatelle, à dessin d'animaux
et branches fleuries en bleu et marron sur fond
jaune clair. xvie siècle.

176 — Chaperon en brocatelle rouge à ramages
gris tissés de métal. xvie siècle.

177 — Fragment de brocatelle à ramages verts
sur fond jaune. xvie siècle.

178 — Carré de brocatelle vieux rose et jaune, à
fleurs. xvie siècle.

179 — Deux pièces de soie brochée, à dessin de paons et de cerfs. XVIe siècle.

180 — Fragment de brocatelle à fleurs et animaux sur fond jaune lamé de métal. Italie, fin du XVIe siècle.

181 — Fragment de soie grise, lamée d'argent à ramages de fleurs en vert. Fin du XVIe siècle.

182 — Fragment de brocatelle à reliefs, à ramages blancs sur fond rouge. Commencement du XVIIe siècle.

183 — Fragment de soie blanche brochée et lamée d'argent, à dessin de fleurs et couronnes, dans des carrelages. Travail espagnol, XVIIe siècle.

184 — Carré en satin blanc broché et chenillé, à dessin de vaisseaux, chasseurs, animaux et fleurs. Espagne, XVIIe siècle.

185 — Carré en satin rouge broché, à dessin d'aigles à deux têtes, couronnés et tenant des flèches, avec entourage de rinceaux fleuris en couleurs. Travail espagnol, XVIIe siècle.

186 — Carré en satin rouge broché à fleurs, aigles à deux têtes tenant des flèches, autres oiseaux, etc., en couleurs. Travail espagnol du XVIIe siècle.

(Vente Gay.)

187 — Carré de soie rouge brochée à fleurs en jaune et blanc. Italie, XVIIe siècle.

188 — Fragment de soie grise lamée d'argent, à
dessin de fleurs et de bandes contournées.
XVIIe siècle.

189 — Fragment de soie grise lamée d'argent, à
fleurs. XVIIe siècle.

190 — Fragment de satin violet broché à branches
fleuries en jaune clair. XVIIe siècle.

191 — Fragment de satin vieux rose rayé et broché
à fleurs. XVIIe siècle.

192 — Fragment de satin broché et tissé de métal, à
dessin de saintes femmes jouant de la harpe et
de chérubins, sur fond vieux rose. XVIIe siècle.

193 — Fragment de soie rouge brochée à fleurs, couronnes et oiseaux en jaune. XVIIe siècle.

194 — Fragment de lin imprimé à fleurs et fruits.
Ancien travail allemand.

195 — Deux fragments de soie brochée, présentant
l'un une rosace chargée d'arabesques et en-
tourée d'inscriptions, l'autre des rayures ornées
de fleurs et d'inscriptions stylisées. Ancien
travail arabe.

196 — Quatre fragments, à dessin d'arabesques et
motifs réguliers variés, d'ancien travail arabe.

197 — Fragment de soie rouge tissée d'argent doré,
à dessin de fleurs et d'oiseaux affrontés. Ancien
travail arabe.

198 — Fragment de soie rouge brochée et lamée d'argent doré à fleurs. Ancien travail persan.

199 — Petit tapis en broderie de soie de couleurs, à fleurs, d'ancien travail persan.

200 — Fragment de vêtement en broderie, à fleurs, d'ancien travail persan.

201 — Fragment de soie rouge brochée à fleurs et lamée d'argent. Ancien travail persan.

202 — Sept fragments de soie brochée variée, d'ancien travail persan.

203 — Fragment de soie rouge brochée et lamée d'argent doré, à fleurettes et branchages. Ancien travail persan.

204 — Deux fragments de soie brochée à fleurs sur fond bleu pour l'un, à fleurs et oiseaux sur fond violet pour l'autre. Ancien travail persan.

205 — Fragment de satin rouge broché et lamé d'argent doré, à dessin de branches fleuries, tulipes, etc. Ancien travail persan.

206 — Fragment de satin rouge broché et lamé d'argent doré, à dessin de branches fleuries. Ancien travail persan.

207 — Fragment de satin violacé broché, à dessin de cerfs, lions et fleurs. Ancien travail persan.

208 — Fragment de satin rouge broché, à dessin d'oiseaux, fleurs et arbustes. Ancien travail persan.

209 — Deux fragments de broderie de soie à fleurs. Ancien travail de Rhodes.

210 — Carré en soie rouge brochée à fleurs sur fond jaune, lamé de métal. Ancien travail de Brousse.

211 — Panneau en satin rouge broché et lamé de métal à grandes palmettes. Ancien travail de Brousse.

212 — Grand fragment de satin rouge broché, à larges palmettes contenant des fleurs. Ancien travail de Brousse.

213 — Fragment de satin broché et lamé d'argent doré à larges palmettes. Ancien travail de Brousse.

214 — Fragment de soie rouge brochée et lamée d'argent doré, à décor de vases de fleurs. Ancien travail de Brousse.

215 — Fragment de soie rouge brochée de larges palmettes. Ancien travail de Brousse.

216 — Fragment de satin rouge broché à fleurs et lamé d'argent doré. Ancien travail de Brousse.

217 — Fragment de satin rouge broché et lamé d'argent doré à larges palmettes. Ancien travail de Brousse.

218 — Carré de satin bleu brodé d'argent doré,
avec dessin d'arabesques. Ancien travail turc.

(Vente Gay.)

219 — Deux fragments de soie brochée et lamée
d'argent doré; l'un, à dessin d'animaux sur
des arbustes; l'autre, orné de fleurs. Ancien
travail oriental.

220 — Carré de soie brochée et lamée de métal, à
fleurs disposées régulièrement. Ancien travail
oriental.

221 — Fragment de satin rouge broché à fleurs et
palmettes, d'ancien travail oriental.

222 — Deux petits carrés : l'un de satin bleu à
fleurs et oiseaux ; l'autre de soie rouge brochée,
également à fleurs et oiseaux. Ancien travail
oriental.

223 — Carré de satin violet broché à fleurs et animaux. Ancien travail oriental.

224 — Fragment de satin rouge broché et lamé
d'argent doré. à fleurs et branches fleuries.
Ancien travail oriental.

225 — Cinq petits fragments, d'ancien travail
oriental, en soie brochée et velours à fleurs.

226 — Fragment de soie brochée et lamée de
métal à fleurs et rayures. Ancien travail oriental.

227 — Grand fragment de satin rouge brodé à fleurs
polychromes, d'ancien travail oriental.

228 — Deux fragments de soie brochée à fleurs :
l'un à fond rouge ; l'autre à fond jaunâtre. Ancien travail oriental.

229 — Grand fragment de soie bleue chenillée et
lamée d'argent, à grands ramages en gris. Ancien travail oriental.

230 — Fragment de satin rouge lamé d'argent doré,
à dessin de têtes de chérubins, de croix et mo-
nogrammes du Christ. Ancien travail oriental.

231 — Fragment de tapis à grands ramages. Travail
oriental du XVIIe siècle.

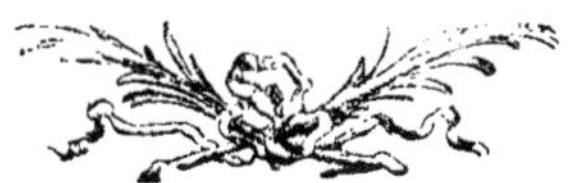

www.ingramcontent.com/pod-product-compliance
Ingram Content Group UK Ltd.
Pitfield, Milton Keynes, MK11 3LW, UK
UKHW031724170726
13836UKWH00001B/410